EL LIBRO DEFINITIVO DE LOS
Perezosos
PARA NIÑOS

Más de 100 datos sobre los perezosos, fotos y más

Jenny Kellett

Derechos de autor © 2022 Jenny Kellett

Los Perezosos: El libro definitivo de los perezosos para niños.

www.bellanovabooks.com

Todos los derechos reservados. Queda prohibida la reproducción total o parcial de este libro por cualquier medio electrónico o mecánico, incluyendo la fotocopia, la grabación o el almacenamiento y recuperación de información, sin la autorización por escrito del autor.

ISBN: 978-619-7695-63-2
Bellanova Books

ÍNDICE

Introducción	6
Datos de los perezosos	8
Perezosos de tres dedos	12
Perezoso de garganta marrón	14
Perezoso de crin	16
Perezoso de garganta pálida	18
Perezoso pigmeo	20
Perezosos de dos dedos	22
El perezoso de dos dedos de Linnaeus	24
El perezoso de dos dedos de Hoffmann	26
Más datos sobre los perezosos	29
Prueba de pereza	74
Respuestas	79
Sopa de Letres	80
Fuentes	83

INTRODUCCIÓN

Son famosos por su pereza y su innegable belleza, pero ¿cuánto sabes realmente sobre los perezosos? ¿Sabías que llevan consigo todo un ecosistema? ¿Y qué sabes del extinto perezoso gigante de seis metros de altura?

Vamos a profundizar sobre estos temas y a aprender muchos más. Y no olvides ponerte a prueba con nuestro cuestionario acerca de los perezosos al final del libro.

¿Estás listo? *Comencemos!*

DATOS DE LOS PEREZOSOS

Los perezosos forman parte de un grupo de mamíferos llamado *xenartros neotropicales arborícolas*. **Arbóreo** significa que viven en los árboles, mientras que **Neotropical** se refiere a una región biogeográfica que comprende la mayor parte de América Central y del Sur. Los **xenartros** son un grupo de animales que sólo se encuentran en América. Otros xenartros son los armadillos y los osos hormigueros.

Perezoso de tres dedos.

Un perezoso colgado en un árbol.

Los perezosos son famosos por ser muy lentos. Pasan la mayor parte de su vida descansando en los árboles.

Los perezosos viajan a una velocidad de unos 0,24 km/h, lo que los convierte en los animales más lentos de la tierra.

• • •

Hay dos géneros de perezosos: *Bradypus* (perezosos de tres dedos) y *Choloepus* (los que tienen solo dos dedos).

• • •

Aunque al principio los científicos pensaban que todos los perezosos pertenecían a la misma familia, se dieron cuenta de que había tantas diferencias entre los perezosos de dos y tres dedos que los dividieron en dos familias: *Choloepodidae* y *Bradypodidae*.

Veamos, pues, las diferencias entre ambos tipos.

PEREZOSO DE TRES DEDOS

Nombre científico: Bradypus

Existen cuatro especies de perezosos de tres dedos:

- **Perezoso de garganta marrón** *(Bradypus variegatus)*
- **Perezoso de crin o de collar** *(Bradypus torquatus)*
- **Perezoso de garganta pálida** *(Bradypus tridactylus)* **y,**
- **Perezoso pigmeo** *(Bradypus pygmaeus)*

Los perezosos de tres dedos también tienen la cola corta, mientras que la de los perezosos de dos dedos es aún más corta y apenas se ve.

Son diurnos, lo que significa que son más activos durante el día y duermen por la noche.

PEREZOSO DE GARGANTA MARRÓN

Nombre científico: *Bradypus variegatus*

El perezoso de garganta marrón es la especie más común de los perezosos de tres dedos. Tienen el pelo de color marrón grisáceo a beige, con una mancha más oscura en la garganta.

Suelen tener la cara más pálida que otros perezosos, pero con manchas muy oscuras bajo los ojos.

Área de distribución del perezoso de garganta marrón.

Imagen: IUCN Rote Liste.

PEREZOSO DE CRIN O DE COLLAR

Nombre científico: *Bradypus torquatus*

El perezoso de crin sólo se encuentra en el sureste de Brasil. Tienen la cabeza pequeña y una larga capa exterior de pelo, que suele ser de color marrón pálido a gris.

Reciben su nombre por la larga melena negra que les recorre el cuello y los hombros.

Área de distribución del perezoso de crin.
Imagen: IUCN Rote Liste.

PEREZOSO DE GARGANTA PÁLIDA

Nombre científico: *Bradypus tridactylus*

El perezoso de garganta pálida es muy similar al perezoso de garganta marrón, excepto que su garganta es de un color más claro, y son mucho más raros que el perezoso de garganta marrón.

Área de distribución del perezoso de garganta pálida.

Imagen: IUCN Rote Liste.

Los perezosos de garganta pálida suelen encontrarse en las selvas tropicales del noreste de Sudamérica.

PEREZOSO PIGMEO

Nombre científico: *Bradypus pygmaeus*

El perezoso pigmeo de tres dedos también se conoce como perezoso monje o perezoso enano. Es una especie en peligro de extinción, que sólo puede encontrarse en los manglares de la Isla Escudo de Veraguas, una isla frente a Panamá.

Fue reconocido como especie en el año 2001. Como su nombre lo indica, la característica más notable del perezoso pigmeo es su pequeño tamaño: son más pequeños que otros perezosos.

Área de distribución del perezoso pigmeo.

Imagen: IUCN Rote Liste.

Imagen: Fundación Almanaque Azul

Se parecen mucho al perezoso de garganta marrón en cuanto a color y características, pero son un 40 % más pequeños. Se alimentan principalmente de las hojas de los manglares rojos de la isla en la que habitan.

PEREZOSOS DE DOS DEDOS

Nombre científico: *Choloepus*

Existen dos especies de perezosos de dos dedos:
- **Perezoso de dos dedos de Linnaeus**
- **Perezoso de dos dedos de Hoffmann**

A pesar de su nombre, los perezosos de dos dedos tienen, en realidad, tres dedos en las patas traseras y dos en las delanteras.

Los perezosos de dos dedos tienen un aspecto muy diferente al de los perezosos de tres dedos. Tienen la cola mucho más corta, pero las orejas, la cabeza y las patas traseras son más grandes que las de los perezosos de tres dedos. También tienen el pelo más largo y los ojos mucho más grandes que los perezosos de tres dedos.

EL PEREZOSO DE DOS DEDOS DE LINNAEUS

Nombre científico: Choloepus didactylus

El perezoso de dos dedos de Linnaeus también se conoce como perezoso de dos dedos del sur o unau.

Se encuentran en varios países del norte de Sudamérica, como Venezuela, las Guayanas, Colombia, Ecuador y Perú.

El perezoso de dos dedos de Linnaeus tiene la garganta oscura, pero por lo demás es muy similar al perezoso de dos dedos de Hoffmann.

Área de distribución del perezoso de dos dedos de Linnaeus
Imagen: IUCN Rote Liste.

EL PEREZOSO DE DOS DEDOS DE HOFFMANN

Nombre científico: *Choloepus hoffmanni*

El perezoso de dos dedos de Hoffmann se encuentra en un área mucho más pequeña que el perezoso de dos dedos del sur. Disfrutan de las selvas maduras del noroeste de Sudamérica y del sur de Centroamérica. Reciben su nombre gracias al naturalista alemán que fue uno de los primeros en identificarlos.

Área de distribución del perezoso de dos dedos de Hoffmann.
Imagen: IUCN Rote Liste.

Imagen: Geoff Gallice

El perezoso de dos dedos de Hoffmann tiene el cuello pálido, lo que facilita su identificación.

Existen cinco especies de perezosos de dos dedos de Hoffmann, cada una de las cuales se encuentra en una región diferente.

Representación del perezoso terrestre gigante del tamaño de un elefante (Megatherium).

MÁS DATOS SOBRE LOS PEREZOSOS

Además de los muchos tipos de perezosos que acabamos de ver, también existían otras especies, como el perezoso de tierra. El perezoso de tierra, como su nombre lo indica, vivía en el suelo y era común en Cuba y otras partes del Caribe hasta hace unos once mil años.

...

El más alto de los perezosos terrestres gigantes (conocido como Megatherium) medía más de seis metros.

Los perezosos de dos y tres dedos pueden encontrarse en los mismos bosques. Por lo general, habrá una especie de cada uno viviendo en una zona concreta.

. . .

En realidad, nadie sabe con exactitud cuánto viven los perezosos, porque es muy difícil seguirles la pista en la naturaleza. Sin embargo, el perezoso más viejo conocido en cautiverio tenía casi cincuenta años.

Un perezoso salvaje de tres dedos.

Los perezosos regularmente se caen de los árboles. Sin embargo, al igual que los gatos, están hechos para sobrevivir a las caídas, de hecho, pueden caer desde más cien pies (30,48 m) sin sufrir daños.

Cuando los perezosos machos se pelean por una hembra, a menudo, intentan tirar a su oponente de un árbol para conquistarla.

El pelaje de los perezosos consiste en una capa corta de pelos suaves y una capa superior de pelos más gruesos y largos.

...

Los perezosos tienen grietas en sus pelos que permiten que las algas crezcan en su interior y les den un color verdoso, ¡lo que los ayuda a camuflarse!

Los perezosos de dos dedos son nocturnos, mientras que los de tres dedos son diurnos.

...

Los perezosos suelen lamerse el pelo para obtener nutrientes adicionales de las algas. Sin embargo, los perezosos nunca se acicalan, eso ayuda a que las algas crezcan mejor.

...

Se ha descubierto que las algas que crecen en el pelaje de los perezosos contienen bacterias que podrían ayudar en la cura del cáncer.

Además de las algas, las polillas perezosas también viven en el pelaje del perezoso. Algunas especies de estas polillas viven enteramente de los nutrientes del pelaje del perezoso. Y hay más, en el pelaje del perezoso crece todo un ecosistema, desde escarabajos y mosquitos hasta garrapatas y ácaros. Puede haber docenas de especies de artrópodos viviendo en un perezoso en cualquier momento y estos se alimentan de las algas.

...

Los bebés perezosos se llaman... ¡bebés perezosos!

Perezoso de tres dedos colgado de una rama.

EL LIBRO DEFINITIVO DE LOS PEREZOSOS

¿Puedes ver las algas que crecen en este perezoso de tres dedos? *Imagen: Jack Charles*

Los perezosos no son capaces de controlar su temperatura corporal como muchos animales. Esto los ayuda a conservar su energía, pero también significa que su temperatura corporal puede cambiar rápidamente a lo largo del día. Si hay demasiado frío, los microbios de su estómago ya no pueden ayudarlos a descomponer su comida y pueden morir de hambre incluso con el estómago lleno.

...

El ritmo metabólico de un perezoso es el más lento de todos los animales del mundo. Un perezoso puede tardar unos treinta días en digerir una sola hoja.

El estómago de un perezoso representa aproximadamente el 30 % de su peso corporal. Tiene cuatro cámaras y está casi permanentemente lleno.

● ● ●

La lentitud de los perezosos es un factor positivo. Sólo necesitan comer una dieta poco energética de hojas, y eso los protege de los depredadores, como los felinos, que están al acecho de los animales que se mueven rápidamente.

● ● ●

Cuando están en el suelo los perezosos sólo pueden moverse unos dos metros por minuto.

Primer plano de una cría de perezoso de dos dedos.

Aunque los perezosos son casi indefensos en el suelo, pueden nadar si lo necesitan, y pueden hacerlo tres veces más rápido de lo que pueden moverse en el suelo. Suelen nadar de espaldas.

...

Los perezosos miden en promedio entre sesenta y ochenta centímetros, y los de dos dedos suelen ser algo más grandes que los de tres.

...

Los perezosos tienen orejas, aunque son difíciles de ver, son diminutas y suelen estar cubiertas de pelo, por eso tienen tan mala audición.

Perezoso de tres dedos. *Imagen: Sebastien Molinares*

Los perezosos son casi ciegos. Dependen de su olfato y del tacto para orientarse y buscar su comida.

• • •

Los perezosos no pueden tirarse pedos.

• • •

Casi todos los mamíferos tienen siete vértebras cervicales (los huesos de la columna vertebral que se encuentran en el cuello). Sin embargo, los perezosos tienen entre cinco y siete (perezosos de dos dedos) y ocho y nueve (perezosos de tres dedos). El único otro mamífero que no tiene siete es el manatí, con seis.

Las vértebras adicionales en la parte inferior del cuello de los perezosos los ayudan a girar la cabeza en un eje de 270°, lo cual les proporciona una visión casi de 360° sin necesidad de mover el cuerpo.

El pelo de los perezosos crece en dirección contraria a la de otros mamíferos. En la mayoría de los mamíferos, el pelo crece hacia las extremidades (manos, pies, cabeza). Pero, como los perezosos pasan tanto tiempo boca abajo, ¡el pelo les crece hacia afuera!

Aunque los perezosos pasan la mayor parte del tiempo colgados de las ramas de los árboles, sus extremidades no están diseñadas para soportar mucho peso. En cambio, están hechas para colgarse y agarrarse.

...

Sus famosas y largas garras los mantienen sujetos a las ramas con muy poco esfuerzo. Se sujetan con tanta fuerza, que incluso después de la muerte permanecen colgados.

...

Mientras que el peso muscular de la mayoría de los mamíferos se sitúa en torno al 40-45 % de su peso corporal, en el caso de un perezoso es sólo del 25-30 %.

Los brazos de los perezosos de tres dedos son un 50 % más largos que las piernas. En los perezosos de dos dedos son más parejos.

...

Es difícil diferenciar los perezosos machos de las hembras. Muchos zoológicos han recibido perezosos del sexo equivocado por este motivo.

...

Los perezosos son capaces de aguantar la respiración durante unos cuarenta minutos, por lo que tienen tiempo suficiente para permanecer bajo el agua y cruzar ríos o ir a diferentes islas.

Perezoso de dos dedos.

EL LIBRO DEFINITIVO DE LOS PEREZOSOS

Garras de un bebé perezoso de dos dedos.

Los perezosos son criaturas solitarias, pasan la mayor parte de su tiempo completamente solos, excepto durante la época de apareamiento. Ocasionalmente, las hembras se reúnen entre sí.

...

Los perezosos de dos y tres dedos tienen dietas diferentes. Los perezosos de dos dedos son omnívoros, eso significa que comen una variedad mucho mayor de alimentos, como hojas, insectos, pequeños lagartos y carroña (carne en descomposición). Los perezosos de tres dedos son casi exclusivamente herbívoros, es decir, sólo comen hojas.

Los bebés perezosos aprenden qué alimentos deben comer lamiendo los labios de su madre. Estas también mastican la comida para alimentarlos.

...

A diferencia de los perezosos de dos dedos, los de tres dedos bajan al suelo cuando necesitan hacer caca. Suelen ir una vez a la semana y siempre en el mismo sitio. Los científicos están muy confundidos por este comportamiento, ya que eso los hace muy vulnerables a los depredadores.

La época de apareamiento también varía entre los distintos perezosos. Los de garganta pálida y marrón suelen aparearse durante una época concreta del año, mientras que los perezosos de crin se aparean durante todo el año.

Los perezosos sólo dan a luz a una cría a la vez. ¡Y lo hacen colgados boca abajo!

Tras el apareamiento, el perezoso macho no interviene en la vida de las crías. La madre se encarga de ellos.

El periodo de gestación (el tiempo que una hembra está embarazada) es de seis meses para el perezoso de tres dedos y de doce meses para el de dos dedos.

Las crías de los perezosos permanecen con sus madres hasta que tienen unos cinco meses de edad, aferrándose a su abdomen para estar seguros.

• • •

Los bebés son capaces de aferrarse al pelaje de su madre a los pocos momentos de nacer.

• • •

Los bebés perezosos nacen completamente formados, cubiertos de pelo y con los ojos abiertos, ¡listos para empezar la vida!

Las hembras de perezoso suelen tener una cría al año, aunque su lentitud puede hacer que tarden más en encontrar pareja.

Los perezosos de dos dedos sólo pesan trescientos cuarenta gramos (doce onzas) cuando nacen. Los de tres dedos son un poco más grandes.

Los perezosos no se pueden tener como mascotas, ya que su hábitat es muy particular.

EL LIBRO DEFINITIVO DE LOS PEREZOSOS

Una hembra de perezoso de tres dedos cargando a su bebé.

Los perezosos tienen una piel muy gruesa, que los ayuda a sobrevivir a los cambios de temperatura y a las caídas peligrosas.

...

Sólo hacen caca una vez a la semana, porque cuando van pueden perder casi un tercio de su peso corporal de una sola vez.

...

Más de la mitad de las muertes de perezosos se producen mientras van a defecar.
Esto se debe a que bajan de los árboles y corren el peligro de ser atacados por los depredadores.

Antes de hacer sus necesidades, los perezosos hacen un pequeño baile, que los científicos llaman la «danza de la caca».

...

Los perezosos son tres veces más fuertes que la mayoría de los humanos. Pueden levantar todo el peso de su cuerpo con una sola pata.

...

Los órganos internos de un perezoso están unidos a su caja torácica, eso facilita que se cuelgue boca arriba, ya que el peso de los órganos no restringe su respiración.

Aunque los perezosos pasan mucho tiempo sin moverse, no siempre están durmiendo. En la naturaleza, duermen unas ocho a nueve horas al día. Sin embargo, en cautiverio duermen mucho más tiempo, entre quince y veinte horas.

...

Los perezosos parecen sonreír permanentemente. Sin embargo, no hay que confundir esto con la felicidad. Incluso si están sufriendo, parece que están sonriendo.

Se han dado casos en los que los perezosos han confundido accidentalmente sus patas con ramas y se han caído del árbol. ¡Ah!

...

Los perezosos no sudan ni tienen un olor particular. Esto los mantiene a salvo de los depredadores.

...

Aunque los perezosos suelen ser muy silenciosos, las hembras lanzan un fuerte grito cuando están listas para aparearse. Suena como un fuerte «eeeeeeh».

Los perezosos de tres dedos no pueden mantenerse en cautiverio, ya que son muy exigentes con la comida y sólo pueden sobrevivir en su hábitat natural.

Los perezosos tienen largas lenguas que pueden sobresalir entre veinticinco a treinta centímetros de su boca (diez a doce pulgadas).

Rara vez beben agua, obtienen toda la que necesitan de las hojas. Sin embargo, de vez en cuando se puede ver a un perezoso bebiendo de un río o un lago.

Cada año, el 20 de octubre, los amantes de los perezosos celebran el Día Internacional de la Pereza. ¿Cómo puedes celebrar ese día? Haciendo un donativo a una organización que ayude a los perezosos pigmeos que están en peligro de extinción, sensibilizar a las personas para que comprendan los problemas a los que se enfrentan los perezosos o simplemente pasar el día sin hacer nada.

...

Incluso después de que una cría de perezoso deje a su madre, seguirá viviendo en la misma zona y se comunicará con ella mediante llamados.

EL LIBRO DEFINITIVO DE LOS PEREZOSOS

Los perezosos tienen una dentadura muy interesante. Sus dientes crecen continuamente durante toda su vida y no tienen esmalte. Además, a diferencia de la mayoría de los mamíferos, sus dientes son mucho más lisos y de forma redondeada.

• • •

Aunque no todos los perezosos están en peligro de extinción, la mayoría corre el riesgo de perder su hábitat. A medida que se talan los bosques tropicales, los perezosos pierden lugares donde vivir.

• • •

Los perezosos de tres dedos suelen dormir en las horquillas de los árboles, mientras que los de dos dedos prefieren colgarse de las ramas.

Los perezosos suelen estar a salvo de los depredadores cuando están en los árboles, pero la cosa cambia cuando están en el suelo. Sus mayores depredadores son los felinos como los jaguares y los ocelotes, anacondas y las águilas.

...

Si un perezoso se encuentra en el suelo con un depredador, no puede huir. Confía en sus afiladas garras y dientes para intentar mantenerse a salvo.

...

No se ha informado de ningún caso en el que un perezoso haya matado a un humano. Incluso heridas leves ocasionadas por estos son muy raras.

Hay muchos lugares en los que los perezosos se utilizan como objetos para los selfis de los turistas. Esto es muy estresante para ellos y puede acortar su vida dramáticamente. Es importante que si quieres ver perezosos en la naturaleza no intentes atraparlos ni los molestes.

• • •

El pariente más cercano del perezoso es el oso hormiguero. Ambos tienen largas garras, pero mientras que los perezosos son principalmente herbívoros, los osos hormigueros son insectívoros (sólo comen insectos).

• • •

Algunos perezosos pasan toda su vida viviendo en el mismo árbol.

Imagen: Javier Mazzeo

PRUEBA DE PEREZA

Pon a prueba tus conocimientos con nuestro cuestionario de pereza. Las respuestas están en la página 79.

1 ¿Cómo se llaman los bebés perezosos?

2 ¿Cuál suele ser más grande, el perezoso de dos dedos o el de tres?

3 Los perezosos pueden nadar más rápido que caminar. ¿Verdadero o falso?

4 ¿Cómo los perezosos machos intentan impresionar a las hembras?

5 ¿Dónde se pueden encontrar los perezosos pigmeos?

6 ¿Cuántos dedos tienen los perezosos de dos dedos?

7 ¿De dónde viene el nombre del perezoso de crin o de collar?

8   ¿Cuál es la especie más común del perezoso de tres dedos?

9   ¿Puedes nombrar los dos tipos de perezosos de dos dedos?

10   ¿Cuál es el nombre científico del extinto perezoso gigante terrestre?

11   ¿Qué comen los perezosos de tres dedos?

12   ¿Cuánto tiempo tarda un perezoso en digerir una sola hoja?

13   ¿Qué sentidos utilizan los perezosos para buscar comida?

14   ¿Cuánto tiempo pueden aguantar la respiración los perezosos bajo el agua?

15 ¿Cuándo se celebra el Día Internacional de la Pereza?

16 ¿Cuántas crías tienen los perezosos a la vez?

17 ¿Cuánto tiempo están preñadas las hembras de perezoso de dos dedos antes de dar a luz?

18 ¿Cuando un perezoso hace caca, ¿cuánta parte de su peso corporal pierde?

19 ¿Cuánto más fuertes son los perezosos que la mayoría de los humanos?

20 ¿Qué animal es el pariente vivo más cercano del perezoso?

Una hembra de perezoso de tres dedos de garganta marrón. *Imagen: Sharp Photography*

RESPUESTAS

¿Cómo te fue?

1. ¡Un bebé perezoso!
2. Los perezosos de dos dedos.
3. Verdadero.
4. Derribando a otros machos de los árboles.
5. Isla Escudo de Veraguas, una isla frente a Panamá.
6. Tres.
7. La larga melena negra que recorre su cuello.
8. El perezoso de garganta marrón.
9. Los perezosos de dos dedos de Hoffmann y Linnaeus.
10. Megatherium.
11. Son herbívoros, por lo que comen hojas y otras plantas.
12. Treinta días.
13. Olfato y tacto.
14. Alrededor de cuarenta minutos.
15. 20 de octubre.
16. Uno.
17. 12 meses.
18. ¡Un tercio!
19. Tres veces.
20. Oso hormiguero.

LOS PEREZOSOS
SOPA DE LETRAS

```
S P R Q P D S A C L F S
X C I W D S A D V E X S
L S R G R Í E E B N N U
I N S W M S D D C T H D
N G P E R E Z O S O S A
N F E F L V O S J H D M
A D B S D V Z X C W W E
E H O F F M A N N D A R
U S D E G F D S N H J I
S M A M Í F E R O E B C
N Z S E F D H Y J K V A
N Í W Q C X Z A D J X X
```

¿Puedes encontrar todas las palabras siguientes en la sopa de letras de la izquierda?

PEREZOSOS **PIGMEO** **HOFFMANN**

MAMÍFERO **SUDAMERICA** **LINNAEUS**

SELVA **LENTO** **DEDOS**

EL LIBRO DEFINITIVO DE LOS PEREZOSOS

SOLUCIÓN DE SOPA DE LETRAS

		P						L		
		I				D		E		S
L		G				E		N		U
I		S		M		D		T		D
N		P	E	R	E	Z	O	S	O	S	A
N				L		O	S			M
A				V						E
E	H	O	F	F	M	A	N	N		R
U										I
S	M	A	M	Í	F	E	R	O		C
										A

FUENTES

"BBC Radio 4 - Radio 4 In Four - 10 Incredible Facts About The Sloth". 2021. Bbc.Co.Uk. https://www.bbc.co.uk/programmes/articles/34C4dGp1kqnbs5MT7TZQN44/10-incredible-facts-about-the-sloth.

"Sloth - Wikipedia". 2021. En.Wikipedia.Org. https://en.wikipedia.org/wiki/Sloth.

"Linnaeus's Two-Toed Sloth - Wikipedia". 2021. En.Wikipedia.Org. https://en.wikipedia.org/wiki/Linnaeus%27s_two-toed_sloth.

"Ground Sloth - Wikipedia". 2021. En.Wikipedia.Org. https://en.wikipedia.org/wiki/Ground_sloth#Extinction_in_North_America.

"Sloth | Definition, Habitat, Diet, Pictures, & Facts". 2021. Encyclopedia Britannica. https://www.britannica.com/animal/sloth.

"10 Facts About Sloths, Nature's Slowest Animals". 2021. World Animal Protection. https://www.worldanimalprotection.us/news/10-facts-about-sloths-natures-slowest-animals.

HowStuffWorks, Animals, Animals, Mammals, Mammals, Do week?, Do poop?, Do spot?, Do poop?, and Why slow?. 2018. "Sloths Only Poop Once A Week — But They Make It A Good One". Howstuffworks. https://animals.howstuffworks.com/mammals/sloths-only-poop-once-week.htm.

"13 Chill Facts About Sloths". 2018. Mentalfloss.Com. https://www.mentalfloss.com/article/559749/facts-about-sloths.

"Attempt To Export Nearly-Extinct Pygmy Sloths Sets Off International Incident In Panama". 2013. Mongabay Environmental News. https://news.mongabay.com/2013/09/attempt-to-export-nearly-extinct-pygmy-sloths-sets-off-international-incident-in-panama/

"The Sloth Institute – Do Sloths Drink Water?". 2021. Theslothinstitutecostarica.Org. http://www.theslothinstitutecostarica.org/sloths-drink-water/#:~:text=It%20is%20true%20that%20sloths,licking%20water%20off%20of%20leaves.&text=So%20as%20this%20video%20shows,a%20rare%20sight%20to%20see!.

"Fun Sloth Facts For Kids - Interesting Information About Sloths". 2021. Sciencekids.Co.Nz. https://www.sciencekids.co.nz/sciencefacts/animals/sloth.html.

"Why Are Sloths Slow? And Six Other Sloth Facts". 2021. World Wildlife Fund. https://www.worldwildlife.org/stories/why-are-sloths-slow-and-six-other-sloth-facts.

Naish, Darren. 2012. "The Anatomy Of Sloths". Scientific American Blog Network. https://blogs.scientificamerican.com/tetrapod-zoology/the-anatomy-of-sloths/.

"10 Facts About Sloths". 2021. World Animal Protection. https://www.worldanimalprotection.org.uk/blogs/10-facts-about-sloths.

"Baby Sloth - Animal Facts Encyclopedia". 2021. Animal Facts Encyclopedia. https://www.animalfactsencyclopedia.com/Baby-sloth.html.

"Pygmy Three-Toed Sloth | EDGE Of Existence". 2015. EDGE Of Existence. http://www.edgeofexistence.org/species/pygmy-three-toed-sloth/.

www.ingramcontent.com/pod-product-compliance
Lightning Source LLC
LaVergne TN
LVHW050135080526
838202LV00061B/6492